[3절]

황금을 보기를 돌같이 하라 _____ 장군의 말씀 받들자
_____ 정승 맹사성 과학 _____
_____ 와 _____ 역사는 안다
십만양병 _____ 주리 _____ 오죽헌
잘 싸운다 _____ 조헌 김시민 나라 구한 _____
태정태세문단세 _____ 과 생육신
몸바쳐서 _____ 행주치마 _____ 역사는 흐른다

[4절]

번쩍번쩍 _____ 의적 _____ 대쪽 같은 _____ 어사 _____
삼 년 공부 _____ _____ 풍속도
방랑 시인 _____ 지도 _____
_____ 신문고 _____ 규장각 목민심서 _____
녹두 장군 _____ 순교 _____ 서화가무
못살겠다 _____ 삼일천하 _____
_____ 은 애국 _____ 은 매국 역사는 흐른다

[5절]

별 헤는 밤 _____ 종두 _____ 삼십삼인
만세 만세 _____ 도산 _____ 어린이날 _____
_____ 과 심순애 장군의 아들 _____
날자꾸나 _____ 황소 그림 _____ 역사는 흐른다

2) 우리 조상들이 세운 역사 속 여러 나라의 이름이에요.
각 나라를 처음 세운 인물은 누구인지 적어 보세요.

❶ 고조선 →　　　　　　❷ 고구려 →

❸ 백제 →　　　　　　❹ 신라 →

❺ 발해 →　　　　　　❻ 고려 → 왕건

❼ 조선 →

3) <한국을 빛낸 100명의 위인들>에 나오는 인물들이 쓴 책 제목이에요.
누가 어떤 책을 썼는지 <보기>에서 골라 적어 보세요.

보기 윤동주　일연　이상　혜초　정약용　김부식

❶ 왕오천축국전 →　　　　　　❷ 삼국사기 →

❸ 삼국유사 →　　　　　　❹ 목민심서 →

❺ 하늘과 바람과 별과 시 →

❻ 날개 →

4 우리 조상들은 여러 차례 다른 나라의 침략에 용감하게 맞서 싸우며 나라를 지켜 냈어요. 각각의 전쟁 때 활약한 인물은 누구인지 <보기>에서 골라 적어 보세요.

> 보기: 김시민   계백   권율   강감찬   이순신

❶ 백제 vs 신라 ➡ 황산벌 전투

❷ 고려 vs 거란족(요나라) ➡ 흥화진 전투 / 귀주대첩

❸ 조선 vs 왜(일본) ➡ 진주성 전투

❹ 조선 vs 왜(일본) ➡ 행주대첩

❺ 조선 vs 왜(일본) ➡ 한산도대첩 / 노량해전

5 우리나라를 대표하는 화가들이 남긴 그림이에요. 각 그림을 그린 인물은 누구인지 적어 보세요.

©한국저작권위원회 공유마당

<포도>

<씨름>

<황소>

6 우리 조상들이 만들어 낸 여러 가지 물건이에요. 각 물건의 이름과 그 물건을 만든 인물은 누구인지 선으로 연결해 보세요.

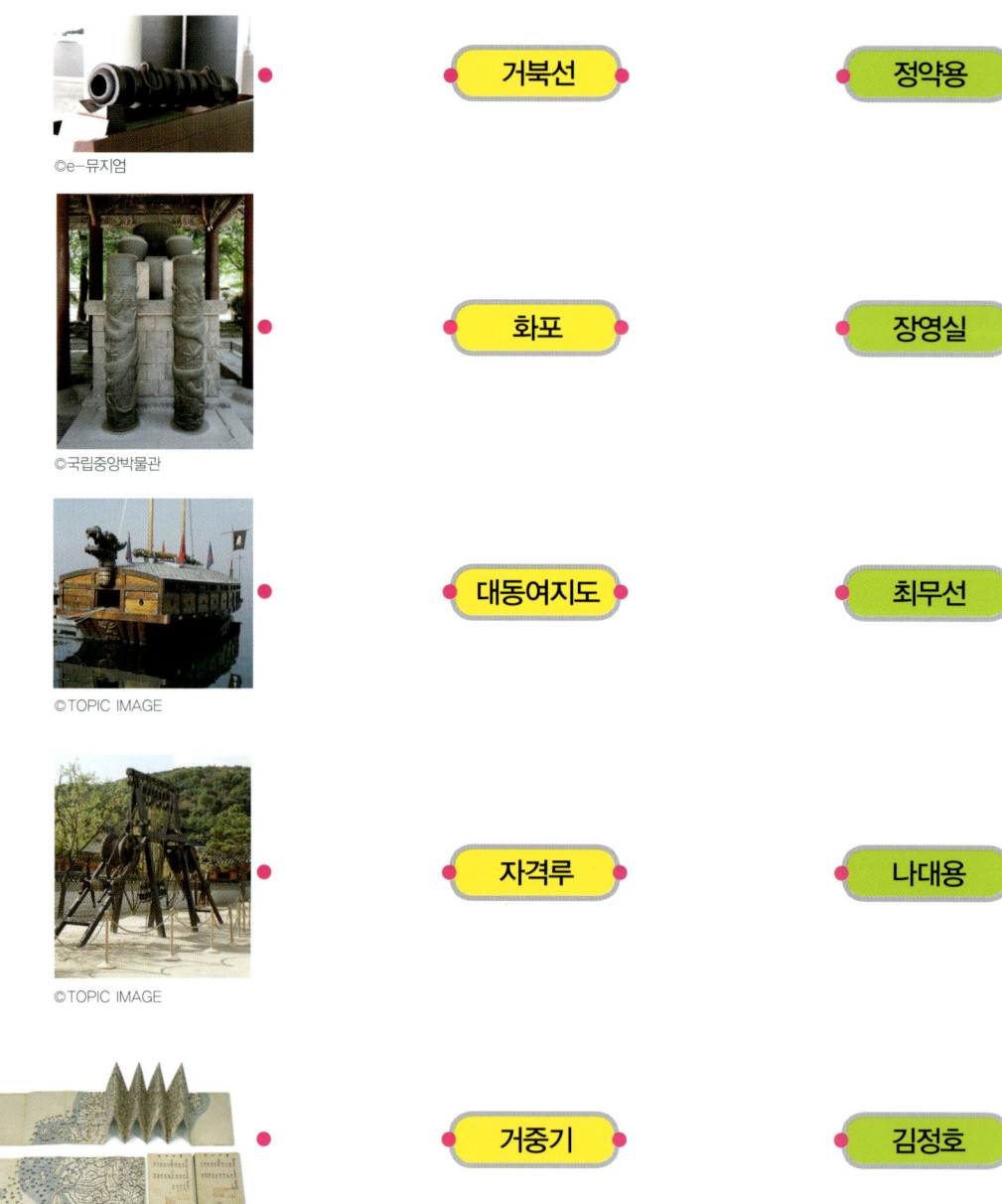

7 우리나라 현금에는 역사 속 인물들이 주인공으로 등장하고 있어요.
각각의 돈에 새겨진 인물은 누구인지 <보기>에서 골라 적어 보세요.

보기: 신사임당   이순신   율곡 이이   퇴계 이황   세종대왕

8 <한국을 빛낸 100명의 위인들>에 나오는 여러 인물을 상징하는 물건이에요.
각각의 물건은 누구와 관련된 것인지 인물의 이름을 적어 보세요.

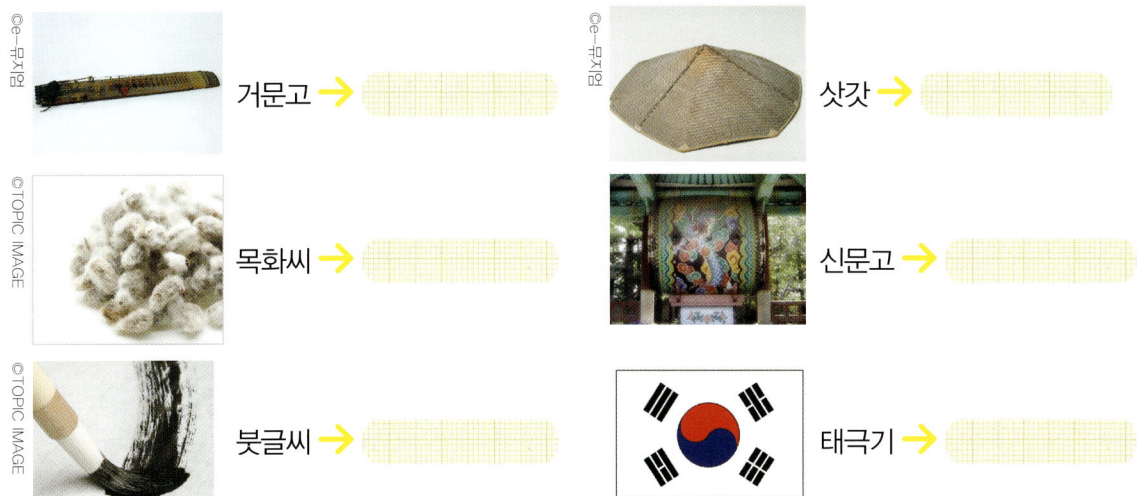

거문고 →
샷갓 →
목화씨 →
신문고 →
붓글씨 →
태극기 →

2단계 서술형

① '홍익인간(弘益人間)'은 우리 역사의 첫 번째 나라였던 '고조선'을 세운 이야기에 나온 말이에요. 우리나라의 정치, 사회, 교육의 가장 바탕이 되는 생각이기도 한 '홍익인간'은 어떤 뜻을 가지고 있는 말인지 적어 보세요.

② 신라의 이사부 장군이 지금의 울릉도와 독도에 속하는 '우산국'을 점령할 때 어떤 방법으로 우산국 사람들의 항복을 더 쉽게 받아 냈는지 적어 보세요.

③ 신라의 유명한 거문고 연주가였던 백결 선생은 설날 아침 다른 집에서 들려오는 떡방아 소리를 듣고 한숨을 쉬는 부인을 위해 어떤 일을 했는지 적어 보세요.

④ 김유신은 백제와 고구려를 무너뜨리고 신라가 삼국을 통일하는 데 크게 활약한 장군이에요. 젊은 시절, 김유신이 자신이 타고 가던 말의 목을 갑자기 자른 이유는 무엇인지 적어 보세요.

⑤ 신라의 승려였던 원효는 불교를 더 깊이 공부하기 위해 중국으로 가던 중 날이 어두워지자 작은 동굴 안에서 밤을 보내며 우연히 바가지에 담겨 있던 물을 마셨어요. 다음 날 아침, 원효가 깨닫게 된 것은 무엇인지 적어 보세요.

⑥ 젊은 시절 당나라로 건너가 군인으로 성공한 장보고가 다시 신라로 돌아가야겠다고 결심한 이유는 무엇인지 적어 보세요.

7 정중부를 비롯한 고려의 무신들은 자신들을 차별하고 무시했던 문신들을 몰아내고 왕보다 더 큰 힘을 차지하며 무단정치를 시작했어요. 고려 무신들에 의해 오랫동안 이어진 무단정치란 어떤 방법으로 나라를 다스리는 것인지 적어 보세요.

8 이방원은 고려 이후 세워진 조선의 첫 번째 왕 이성계의 아들이에요. 어느 날, 이방원은 이성계가 조선을 세우는 일에 끝까지 반대하는 고려의 신하 정몽주와 만나 시를 통해 서로의 생각을 주고받았어요. 두 사람이 쓴 시에 담긴 생각은 무엇인지 적어 보세요.

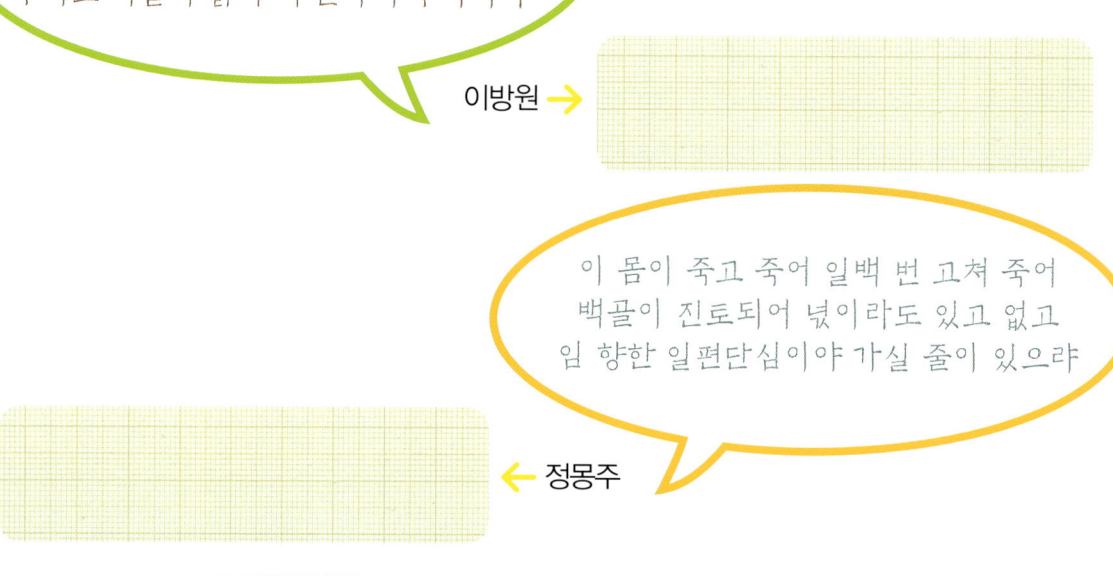

이런들 어떠하며 저런들 어떠하리
만수산 드렁칡이 얽혀진들 어떠하리
우리도 이같이 얽혀 백 년까지 누리리라

이방원 →

이 몸이 죽고 죽어 일백 번 고쳐 죽어
백골이 진토되어 넋이라도 있고 없고
임 향한 일편단심이야 가실 줄이 있으랴

← 정몽주

9 고려의 유명한 장군이었던 최영은 자신의 아버지가 남긴 "황금을 보기를 돌같이 하라." 라는 말을 글로 써서 품고 다녔다고 해요. 이 말에 담긴 뜻은 무엇인지 적어 보세요.

"황금을 보기를 돌같이 하라."라는 말은

10 아래 사진은 조선 시대 과학자 장영실이 만든 기구예요. 이 기구에 대한 여러 가지 정보를 알맞게 적어 보세요.

ⓒ국립고궁박물관

이 기구의 이름은 무엇인가요?	
이름의 의미는 무엇인가요?	
어디에 사용하는 물건인가요?	
어떤 방법으로 사용하나요?	

11. '임진왜란'이란 1592년, 일본이 조선을 침략한 전쟁을 가리키는 말이에요. 당시 경상남도 진주성을 공격해 많은 피해를 입힌 일본군에게 복수하기 위해 '논개'라는 여성은 어떤 행동을 했는지 적어 보세요.

12. 한석봉은 조선 시대 유명한 서예가 중 한 사람이에요. 한석봉이 어렸을 때 붓글씨 공부를 게을리하자 그의 어머니는 어떤 내기를 통해 아들의 잘못을 깨우쳤는지 적어 보세요.

13. '신문고'는 조선의 세 번째 왕인 태종 때 처음 만들어진 후 사라졌다가 스물한 번째 왕인 영조 때 다시 만들어졌어요. 신문고는 어떻게 사용하도록 만든 것인지 적어 보세요.

14. 전봉준은 백성을 괴롭히는 못된 관리들을 몰아내고 모두가 평등한 세상을 만들기 위해 '동학 농민 운동'을 일으킨 조선 말기 때 인물이에요. 당시 사람들이 전봉준을 가리켜 '녹두 장군'이라고 부른 이유는 무엇인지 적어 보세요.

15. 국경일이란 우리나라 역사에서 기뻤던 일을 축하하기 위해 만든 날이에요. '삼일절', '제헌절', '광복절', '개천절', '한글날'이 우리나라의 국경일이에요. 그중 '삼일절'과 '광복절'은 어떤 일을 축하하기 위해 정한 날인지 국경일에 해당하는 날짜와 함께 적어 보세요.

	날짜	축하할 일
삼일절		
광복절		

3단계 창의형

1 단어 퀴즈

가로 열쇠

1 — 신라의 승려. 불교 공부를 위해 중국 당나라로 가던 중 깨달음을 얻음.
2 — 조선 후기를 대표하는 화가로 〈서당〉, 〈씨름〉 등 여러 점의 풍속화를 남김. 호는 단원.
3 — 조선 후기 문신이자 학자였던 정약용이 쓴 책으로 지방 관리들이 백성들을 다스리는 도리를 설명한 것.
4 — 화약의 힘으로 탄환을 쏘는 무기. 우리나라는 고려 시대 최무선이 발명.
5 — 무기를 들고 힘을 앞세워 나라를 다스림. 고려 시대 약 100년 동안 무신들에 의해 이루어진 정치.
6 — '리'를 주장함. 퇴계 이황이 강조한 성리학 이론.
7 — 고조선 건국에 대한 이야기가 담겨 있는 역사책 《삼국유사》를 쓴 고려의 승려.
8 — 계백 장군이 이끈 백제군과 김유신 장군이 이끈 신라군이 맞서 싸운 벌판.
9 — 지금의 울릉도와 독도에 해당하는 우산국을 정벌한 신라 장군.
10 — 조선 시대 화가이자 율곡 이이의 어머니. 50000원짜리 지폐 속 인물.
11 — 조중환이 쓴 《장한몽》이라는 이야기책 속 여자 주인공. 이수일과 서로 사랑하는 사이.
12 — 지혜와 덕이 높아 나라의 스승이 될 만한 승려에게 내린 호칭. 지눌 ○○.
13 — 고려 시대 무신. 무신을 차별하고 무시하는 것에 불만을 품고 난을 일으킨 후 나라를 다스리는 힘을 차지함.
14 — 조선 시대 문신. 수양대군이 어린 조카 단종을 쫓아내고 왕의 자리를 차지할 때 반대하지 않았다는 이유로 배신자라는 평가를 받기도 함.
15 — 통일 신라 시대 장군으로 바다의 왕자라는 별명이 유명함. 어렸을 때 이름은 궁복.

16 ─ 동학 농민 운동을 이끈 전봉준의 별명.
17 ─ 백제의 마지막 왕.

세로 열쇠

1 ─ 고려와 조선의 장군이었던 이종무가 정벌한 일본의 섬. 일본 말로는 쓰시마.
2 ─ 허균이 쓴 이야기책의 주인공이자 실제 조선 시대를 떠들썩하게 만든 도둑 우두머리.
3 ─ 고려 시대 문익점이 중국에서 가져와 재배에 성공한 식물의 씨앗. 열매에서 나오는 솜을 모아 사용함.
4 ─ 글씨, 그림, 노래, 춤을 가리키는 한자.
5 ─ 고조선 건국 신화에서 쑥과 마늘을 먹고 사람이 된 웅녀가 낳은 아들로 고조선을 건국한 인물.
6 ─ 임진왜란 때 행주산성에서 여자들이 돌을 옮기는 데 사용한 치마로 알려짐.
7 ─ '한 조각 붉은 마음'이라는 뜻으로 왕에 대한 변치 않는 충성심을 가리키기도 함.
8 ─ 조선 시대 개성의 유명한 기생. 글솜씨가 뛰어나 여러 편의 시조를 남기기도 함.
9 ─ 적이나 죄가 있는 무리를 힘으로 물리침. 우산국 ○○, 대마도 ○○.
10 ─ 세조를 왕으로 인정하지 않고 쫓겨난 단종을 다시 왕으로 모시려는 계획을 세우다 들켜 죽임을 당한 여섯 명의 조선 시대 신하.
11 ─ 백정 출신의 조선 시대 유명한 도둑. 의적이라는 별명으로 불리기도 함.
12 ─ '백성을 잘살게 한 신하'라는 뜻으로, 조선의 네 번째 왕이었던 세종이 백성들이 따뜻한 옷을 입도록 도움을 준 문익점을 가리켜 한 말.
13 ─ 자기 나라를 사랑함. ○○심.
14 ─ 백성들이 두드려 왕에게 직접 억울함을 호소할 수 있게 만든 북.
15 ─ 아버지가 독립군 대장으로 활약한 김좌진이라는 이유로 붙여진 김두한의 별명.
16 ─ 고구려를 세운 인물. '활을 잘 쏘는 사람'이라는 뜻을 가진 말.

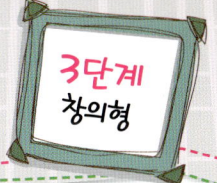

2. 아래 그림은 조선 후기를 대표하는 화가 '단원 김홍도'의 풍속화 <서당>이에요. 그림 속 상황을 잘 관찰한 후 각 인물이 어떤 생각과 감정을 가지고 있을지 상상하여 적어 보세요.

❸ 우리나라 종이돈에는 여러 위인들의 얼굴과 함께 위인과 관련된 여러 가지 내용이 바탕에 새겨져 있어요. 종이돈의 앞·뒤를 잘 관찰한 후 <한국을 빛낸 100명의 위인들>에 나오는 위인을 한 명 선택해 여러분만의 새로운 십만 원짜리 돈을 디자인해 보세요.

AC013500832 한국은행 십만원 100000

100000

100000 WON Bank of Korea

100000

4. 상장은 평소 훌륭한 행동을 했거나 뛰어난 업적을 남겼을 때 이를 칭찬하기 위해 주는 것이에요. 여러분도 <한국을 빛낸 100명의 위인들>에 나오는 인물 중 한 사람을 선택해 그 사람의 행동이나 업적에 대해 칭찬하는 말을 적어 상장을 만들어 보세요.

상 장

_____ 상

년   월   일

1. 여러분이 읽은 책 《한국을 빛낸 100명의 위인들》에는 우리 역사에 크고 작은 업적을 남긴 인물에 대한 여러 가지 이야기가 실려 있어요. 《한국을 빛낸 100명의 위인들》에 등장하는 인물 중에서 가장 기억에 남는 사람은 누구인지 그 이유와 함께 써 보세요.

2 우리 역사 속 위인 중에는 동요 <한국을 빛낸 100명의 위인들>에 등장하지 않는 인물도 많이 있어요. 여러분이 알고 있는 위인 중 <한국을 빛낸 100명의 위인들>에 등장하지 않는 한 사람을 골라 우리 역사를 빛낸 이유와 함께 소개하는 글을 써 보세요.

3 김부식이 쓴 《삼국사기》에는 백제의 계백 장군이 신라군에 맞서 황산벌 전투에 나가기 전 자신의 아내와 자식들의 목을 직접 베었다고 기록되어 있어요. 이후 많은 사람들이 이러한 계백 장군의 행동에 대해 여러 가지 평가를 내렸어요. 다음 글을 참고하여 계백 장군의 판단과 행동에 대해 여러분은 어떻게 생각하는지 주장하는 글로 써 보세요. (원고지 300자 이내)

660년, 김유신은 5만 명의 신라군을 이끌고 백제 땅으로 들어왔어요. 백제 의자왕은 계백 장군에게 신라의 공격을 막으라고 했어요. 하지만 아무리 용감하고 충성심이 강한 계백 장군이라도 10배가 넘는 신라 군인들과 싸워 이기는 것은 장담할 수 없었어요. 그래서였을까요? 계백 장군은 전쟁터로 떠나기 전 가슴 아픈 결심을 해야 했어요.

"우리 백제의 힘으로 당나라와 신라의 많은 군대를 상대하자니 나라의 앞날을 알 수 없도다. 나의 부인과 자식들이 붙잡혀 노비가 될지도 모르니, 살아서 부끄럽게 고통을 당하는 것보다 차라리 죽는 편이 낫지 않은가."

결국 계백 장군은 자기 손으로 가족들의 목을 베고 전쟁터로 나갔어요. 계백 장군과 함께 용감하게 싸움터로 향한 백제 군인들은 황산벌에서 신라 군인들과 네 차례 맞붙어 모두 이겼어요. 다급해진 신라는 백제를 향해 모든 공격을 퍼부었고 더 이상 버티지 못한 백제 군인들은 결국 싸움에서 크게 지고 말았어요. 계백 장군 역시 황산벌 전투에서 죽음을 피할 수는 없었지요. 그리고 얼마 뒤 백제는 수도였던 사비성을 빼앗긴 뒤 나라가 무너지고 말았어요.

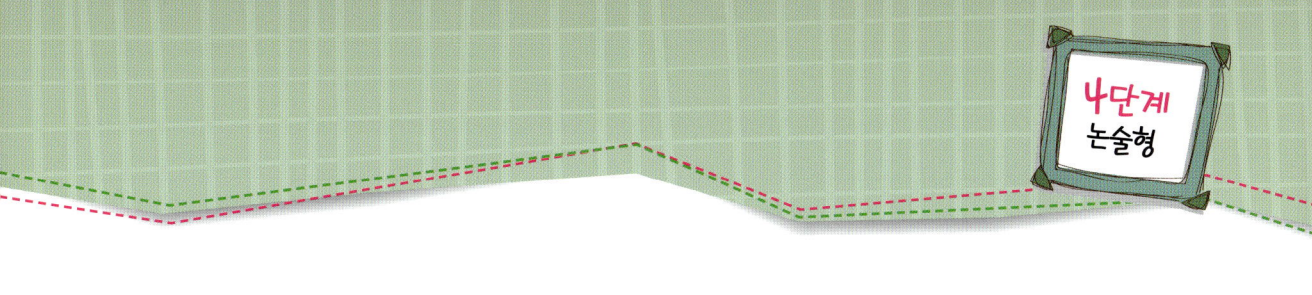

4. 조선 시대 도둑 무리의 대장이었던 임꺽정은 주로 나랏일을 보는 관리들이 머물고 있는 관청의 창고를 털거나 부자로 소문난 양반집을 공격했어요. 그리고 곡식이나 재물을 가지고 나와 가난한 백성들에게 나눠 주곤 했어요. 조선 시대 허균이 쓴 이야기책 《홍길동전》의 주인공 홍길동도 임꺽정과 마찬가지로 백성의 재물을 강제로 빼앗아간 못된 양반 부자들의 집에서 물건을 훔쳐 백성들에게 주었어요. 백성들은 그런 임꺽정이나 홍길동을 '정의로운 도둑' 이라는 뜻을 가진 '의적'으로 부르기도 했어요. 임꺽정이나 홍길동은 못된 관리와 양반을 혼내 주고 가난한 백성들을 위해 용감하게 앞장선 영웅인가요? 아니면 남의 물건을 훔친 도둑으로 큰 벌을 받아 마땅한 죄인인가요? 여러분의 생각을 주장하는 글로 써 보세요.

(원고지 300자 이내)

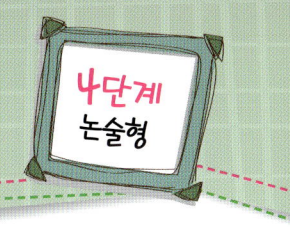

100자

200자

300자

1단계 + 기본형

1절
아름다운 이 땅에 금수강산에 **단군** 할아버지가 터 잡으시고
홍익인간 뜻으로 나라 세우니 대대손손 훌륭한 인물도 많아
고구려 세운 **동명왕** 백제 **온조왕** 알에서 나온 **혁거세**
만주 벌판 달려라 **광개토대왕** 신라 장군 **이사부**
백결 선생 떡방아 삼천 궁녀 **의자왕** 황산벌의 **계백** 맞서 싸운 **관창** 역사는 흐른다

2절
말 목 자른 **김유신** 통일 **문무왕** **원효대사** 해골 물 **혜초** 천축국
바다의 왕자 **장보고** 발해 **대조영** 귀주대첩 **강감찬** **서희** 거란족
무단정치 **정중부** 화포 **최무선** 죽림칠현 **김부식**
지눌국사 조계종 **의천** 천태종 대마도 정벌 **이종무**
일편단심 **정몽주** 목화씨는 **문익점** 해동공자 **최충** 삼국유사 **일연** 역사는 흐른다

3절
황금을 보기를 돌같이 하라 **최영** 장군의 말씀 받들자
황희 정승 맹사성 과학 **장영실** **신숙주**와 **한명회** 역사는 안다
십만양병 **이율곡** 주리 **이퇴계** **신사임당** 오죽헌
잘 싸운다 **곽재우** 조헌 김시민 나라 구한 **이순신**
태정태세문단세 **사육신**과 생육신 몸바쳐서 **논개** 행주치마 **권율** 역사는 흐른다

4절
번쩍번쩍 **홍길동** 의적 **임꺽정** 대쪽 같은 **삼학사** 어사 **박문수**
삼 년 공부 **한석봉** 단원 풍속도 방랑 시인 **김삿갓** 지도 **김정호**
영조대왕 신문고 **정조** 규장각 목민심서 **정약용**
녹두 장군 **전봉준** 순교 **김대건** 서화가무 **황진이**
못살겠다 **홍경래** 삼일천하 **김옥균** **안중근**은 애국 **이완용**은 매국 역사는 흐른다

5절
별 헤는 밤 **윤동주** 종두 **지석영** 삼십삼인 **손병희**
만세 만세 **유관순** 도산 **안창호** 어린이날 **방정환**
이수일과 심순애 장군의 아들 **김두한**
날자꾸나 **이상** 황소 그림 **중섭** 역사는 흐른다.

2️⃣ ① 단군(단군왕검) ② 동명왕(주몽) ③ 온조(온조대왕) ④ 혁거세(박혁거세)
⑤ 대조영 ⑦ 이성계(태조)

3️⃣ ① 혜초 ② 김부식 ③ 일연 ④ 정약용 ⑤ 윤동주 ⑥ 이상

4️⃣ ① 계백 ② 강감찬 ③ 김시민 ④ 권율 ⑤ 이순신

5️⃣ 〈포도〉 신사임당, 〈씨름〉 김홍도, 〈황소〉 이중섭

6️⃣

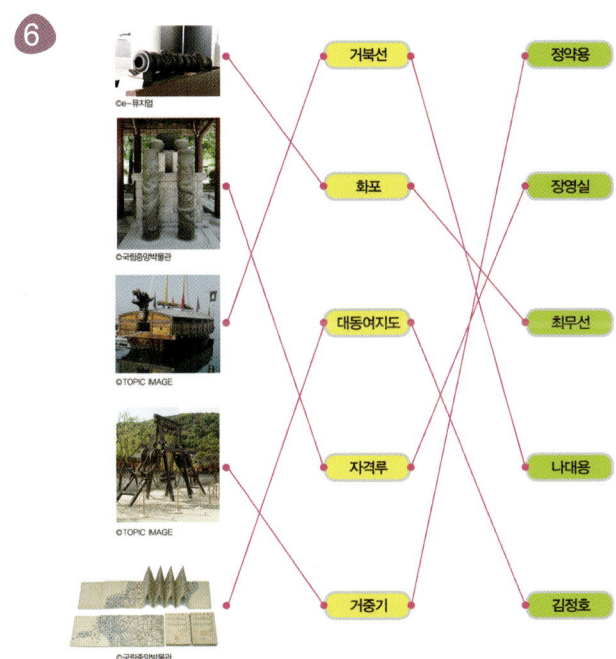

＊거북선을 설계한 '나대용' 장군은 〈한국을 빛낸 100명의 위인들〉 노래에
직접 등장하지는 않지만 이순신 장군 관련 내용에 참고로 나온 인물이에요.

7️⃣ 〈백원〉 이순신, 〈천원〉 퇴계 이황, 〈오천원〉 율곡 이이,
〈만원〉 세종대왕, 〈오만원〉 신사임당

8️⃣ 〈거문고〉 백결 선생, 〈삿갓〉 김삿갓(김병연), 〈목화씨〉 문익점,
〈신문고〉 영조대왕, 〈붓글씨〉 한석봉, 〈태극기〉 유관순

＊태극기와 관련된 인물로 유관순 외에 손병희, 안중근, 안창호 등 다른 독립운동가를
떠올리는 것도 바른 답으로 볼 수 있어요.

2단계 ➕서술형

① 홍익인간은 널리 인간을 이롭게 한다는 뜻이다.

  ✳ 홍익인간은《삼국유사》속 고조선 건국 이야기에 실린 내용으로 "옛날에 환인의 아들인 환웅이 자주 하늘 아래 세상에 뜻을 두고 인간 세상을 다스리고자 했다. 아버지 환인이 아들의 뜻을 알고 내려다보니 널리 인간을 이롭게 할 만했다." 라고 기록되어 있어요. 이때 '이롭다.' 라는 말은 '이익이 되게 하다.', '잘 살게 하다.' 등으로 풀이할 수 있어요.

② 이사부 장군은 나무로 만든 수십 개의 사자 인형을 배에 나눠 싣고 우산국으로 다가가 당장 항복하지 않으면 배에 있는 사자들을 모두 풀어 놓겠다고 겁을 주었다.

③ 백결 선생은 아내를 위해 떡방아 찧는 소리를 거문고로 연주해 주었다.

④ 김유신은 자신을 태운 말이 다시는 만나지 않겠다고 다짐했던 천관녀 집 앞에 온 것을 보고 같은 일이 또 일어날까 봐 아끼던 말의 목을 잘랐다.

⑤ 원효는 어젯밤 동굴이라고 생각했던 곳이 사실은 무덤이었고, 달게 마신 물이 썩은 해골 물이었다는 것을 알게 되었다. 그리고 모든 것은 마음 먹기에 따라 다르게 받아들일 수 있다는 것을 깨달았다.

⑥ 장보고는 신라 사람들이 해적에게 잡혀 당나라에 끌려온 것을 보고 마음이 아팠다. 그리고 해적으로부터 신라를 지키겠다는 생각을 품고 신라로 돌아오게 되었다.

⑦ 무단정치란 총이나 칼 같은 무기를 앞세워 힘으로 나라를 다스리는 것을 말한다.

⑧ **이방원의 시조에 담긴 뜻:** 고려든 새 나라(조선)든 상관하지 말고 뜻을 합쳐 잘 살아 보자.
  정몽주의 시조에 담긴 뜻: 고려를 향한 나의 충성심은 내가 죽더라도 변함이 없을 것이다.

⑨ "황금을 보기를 돌같이 하라."라는 말은 황금처럼 귀하고 가치가 높은 것을 보더라도 길가에 흔한 돌멩이처럼 여기듯이 재물에 욕심을 부리지 말라는 의미이다.

⑩ 앙부일구

앙부일구
'앙부'란 '가마솥이 하늘을 우러르고 있다.'라는 뜻이고 '일구'는 '해의 그림자'라는 뜻이다.
해의 그림자를 보고 시간과 절기를 알 수 있도록 해 주는 일종의 해시계이다.
오목한 시계판에 그려진 세로 선과 가로 선은 시간과 절기를 나타내는데 뾰족한 바늘에 생기는 해의 그림자가 가리키는 곳과 그림자 길이를 보고 시간과 절기를 알 수 있다.

11. 논개는 임진왜란 때 진주성을 공격해 승리한 일본군에게 복수하기 위해 일본군 대장을 껴안고 강물로 뛰어들었다.

12. 한석봉의 어머니는 방 안의 불을 끈 후 자신은 떡을 썰 테니 한석봉에게는 글씨를 쓰라고 했다. 그리고 누구의 것이 더 반듯한 모양인지 그 결과를 보자고 했다.

13. '신문고'는 억울한 일을 겪은 사람이 직접 칠 수 있도록 궁궐 밖에 세워 둔 북이다. 북 소리가 울리면 왕이 직접 억울한 사연을 듣고 해결해 주려고 만들었다.

14. 녹두는 다른 콩에 비해 크기가 매우 작아서 옛날부터 몸집이 작은 사람을 가리켜 '녹두 같다.'라고 했다. 전봉준을 가리켜 사람들이 녹두 장군이라고 부른 이유도 전봉준의 키가 작았기 때문이다.

15.

삼일절	3월 1일	일본에게 빼앗긴 우리나라를 되찾기 위해 1919년 3월 1일, 만세 운동이 시작된 날이다.
광복절	8월 15일	1945년 8월 15일, 일본에게 빼앗긴 우리나라를 되찾은 날이다.

3단계 +창의형

1.

원	효	대	사		목	민	심	서		
		마			화		화	포		행
김	홍	도			씨		가		주	리
	길						무	단	정	치
	동				일	연			군	마
		정			편					
황	산	벌			단					
진				심	순	애		신	숙	주
이	사	부			국	사		문		몽
	육					장	보	고		
	신	사	임	당		녹	두	장	군	
			꺽					의	자	왕
		정	중	부				아		
			민					들		
			후							

29

② ＊먼저 그림 속 상황과 인물들의 행동, 표정을 잘 관찰하는 시간이 필요해요. 그리고 각 인물의 생각과 마음을 알맞은 문장으로 재미있게 표현해 보세요.

③ ＊천 원, 만 원, 오만 원 지폐의 앞면과 뒷면에 있는 이미지가 지폐 속 인물과 어떤 관련이 있는지 책이나 인터넷 등을 통해 알아 보세요. 그리고 자신이 선택한 인물과 관련된 물건이나 이미지들을 떠올려 보세요. 지폐의 앞면과 뒷면에 떠올린 이미지들을 알맞은 그림으로 나타내어 새로운 지폐를 디자인해 보세요.

④ ＊인물에게 상장을 주고 싶은 이유에 알맞게 재미있는 상 이름을 지어 보세요. 그리고 인물이 어떤 면에서 상을 받아야 하는지 적절한 문장으로 표현해 보세요.

4단계 ＋논술형 예시 답안

① 《한국을 빛낸 100명의 위인들》에 등장하는 인물 중에서 가장 기억에 남는 사람은 유관순이다. 유관순은 고향인 천안에서 만세 운동을 할 때 함께 만세를 부르던 부모님이 일본 경찰이 휘두른 폭력 때문에 돌아가시는 슬픔을 겪었다. 유관순은 그런 슬픔 속에서도 만세 운동을 멈추지 않았고 결국 일본 경찰에 붙잡혀 어린 나이에 감옥에 갇히게 되었다. 그런데 유관순은 감옥에 갇혀 있는 동안에도 아침, 저녁으로 만세를 외쳤다고 한다. 나라를 걱정하고 사랑하는 유관순의 마음이 얼마나 크고 깊었는지 새롭게 알게 되었다.

② 〈한국을 빛낸 100명의 위인들〉에 소개되지 않았지만 우리나라의 역사를 빛낸 훌륭한 사람들이 많이 있다. 그중 조선의 네 번째 왕인 세종대왕을 꼽을 수 있다. 세종대왕은 백성들을 위해 우리 글자인 한글을 만들었다. 세종대왕이 한글을 만들기 전까지 우리나라 사람들은 중국의 한자를 사용해 왔다. 그런데 한자는 어렵고 복잡해서 백성들이 쉽게 배우고 사용하기가 힘들었다. 하지만 세종대왕이 만든 한글은 한자에 비해 배우기도 쉽고 사용하기에 편리한 글자이다. 지금도 세계에서 가장 과학적이고 훌륭한 글자로 인정받고 있는 한글에는 백성을 사랑했던 세종대왕의 마음이 잘 담겨 있다.

③ ＊주장하는 글은 크게 두 부분으로 이루어져요. 주장을 확실하게 드러내는 문장과 그 주장을 뒷받침하는 문장이에요. 계백이 전투에 나가기 전 어떤 판단을 했는지 파악한 후 그 판단을 근거로 직접 가족의 목숨을 끊은 계백의 행동에 대한 평가를 한 문장으로 명확하게 나타내 보세요. 그리고 주장을 뒷받침하는 내용을 자연스럽게 연결해 보세요.

〈주장 1〉 계백의 판단과 행동은 옳지 않다.
〈근거〉 전쟁터에 나가기 전에 미리 질 것을 걱정하는 것은 장군으로서의 자세가 아니다. 따라서 아직 전쟁의 결과가 나오기 전에 부인과 자식들의 목숨을 직접 끊은 계백의 행동 역시 잘못이다. 역사에서 불리한 상황을 극복하고 전쟁에서 승리한 경우도 많다. 또한 사람의 생명을 빼앗는 것은 어떤 상황에서도 잘못된 행동이다. 아무리 남편이고 아버지라고 해도 가족의 목숨을 두고 자신의 생각을 앞세워 강요할 수는 없다.

〈주장 2〉 계백의 판단과 행동은 당시 상황에서 어쩔 수 없는 선택이었다.
〈근거〉 당시 백제군과 신라군을 비교했을 때 계백이 전쟁에서 질 것을 염려하는 것은 섣부른 판단이 아니라 오히려 상황을 정확하게 파악한 것이다. 그리고 계백이 직접 가족의 목숨을 끊은 것도 자기 자신을 위해서가 아니라 오히려 전쟁이 끝난 후 더 큰 고통을 당할 가족을 위해서 한 행동이었다. 당시 계백은 평범한 군인이 아니라 백제를 대표하는 장군이었기 때문에 백제가 신라에게 전쟁에서 질 경우 계백의 가족은 비참하게 죽임을 당하거나 살아 있는 동안 큰 고통을 당할 것이 분명하다.

*〈주장 2〉의 경우 '가족의 목숨을 끊은 계백의 행동이 옳았다.' 라고 평가를 내리는 것보다는 '당시 역사적인 상황에서 어쩔 수 없는 선택이었다.'라고 주장하는 것이 더 적절해요. 사람의 생명을 빼앗은 행동을 '옳다.' 라고 표현하는 것은 설득력이 부족할 수 있어요.

4 *임꺽정과 홍길동을 백성을 위해 활약한 영웅으로 보는 입장과 남의 물건을 훔친 죄를 저질렀기 때문에 마땅히 벌을 받아야 하는 도둑으로 봐야 한다는 입장 중 한 가지 입장을 선택해 보세요. 그리고 자신이 선택한 주장에 대해 구체적이고 타당한 근거를 보여 주는 뒷받침 문장을 연결하여 주장글을 완성해 보세요.

〈주장 1〉 임꺽정과 홍길동은 영웅이다.
〈근거〉 임꺽정과 홍길동의 행동은 자신의 행복과 성공을 위해서가 아니라 가난하고 고통받는 백성들을 위한 것이었다. 힘없는 백성들이 스스로 해결하지 못하는 어려움을 해결해 준 그들의 행동은 칭찬할 만하다. 또한 아무 집이나 들어가 물건을 훔친 도둑질과는 다르다. 주로 그동안 백성들의 물건을 빼앗은 못된 양반집이나 터무니없이 많은 세금을 거둔 관가에 들어가 빼앗긴 물건을 가지고 나온 것이다. 그러므로 그들의 행동은 남에게 피해를 준 단순한 도둑질이 아니라 주인에게 물건을 되돌려 준 행동이라고 볼 수 있다.

〈주장 2〉 임꺽정과 홍길동은 벌을 받아야 하는 죄인이다.
〈근거〉 허락을 받지 않고 남의 물건을 훔치는 것은 어떤 경우에도 잘못된 행동이다. 남의 물건을 훔치는 행동을 두고 벌을 받아야 하는 경우와 벌을 받지 않아도 되는 경우로 나눈다는 것은 옳지 않다. 만약 남의 물건을 훔쳐도 죄가 되지 않는 경우를 따로 정하면 사회가 혼란스러워질 수 있다. 또한 백성들을 괴롭히고 잘못을 저지른 양반은 자신이 저지른 잘못에 대해 정해진 법에 따라 벌을 받아야 한다. 그들의 재산을 다시 훔쳐 오는 행동은 잘못한 양반에 대한 올바른 처벌이라고 볼 수 없다.

*〈주장 1〉은 임꺽정과 홍길동이 한 행동에 대해서 과정보다는 원인과 결과를 중요한 근거로 판단하고 있어요. 반면 〈주장 2〉는 원인과 결과가 옳다고 해도 그 일을 해결하는 과정에 문제가 있다면 분명히 잘못이라고 판단하고 있어요.

노랫말 완성하기, 짝짓기,
가로 세로 단어 퀴즈, 생각하기, 상상하기 등
재미있는 독후활동이 들어 있어요.